AF621211

الطبعة العربية الأولى عام ٢٠١٨
دار جامعة حمد بن خليفة للنشر
صندوق بريد ٥٨٢٥
الدوحة، دولة قطر

www.hbkupress.com

علمتني نملة



الترقيم الدولي: ٩٧٨٩٩٢٧١١٩٣٧٨

تمت الطباعة في الدوحة-قطر في شركة مطبعة الجزيرة ذ. م. م.

---

**مكتبة قطر الوطنية بيانات الفهرسة-أثناء-النشر (فان)**

سلطان، جميلة، مؤلف.

علمتني نملة / جميلة سلطان؛ رسوم حنان السيد. – الطبعة العربية الأولى. – الدوحة : دار جامعة حمد بن خليفة للنشر، 2018.

صفحة؛ سم

تدمك : 978-9927-119-37-8

1. الحشرات – قصص للأطفال. 2. قصص الأطفال العربية. ب. السيد، حنان، رسام. ج. العنوان

PZ10.U48 A44 2018

892.737 – dc 23

# علّمتني نملة

تأليف: جميلة سلطان

رسوم: حنان السيد

دار جامعة حمد بن خليفة للنشر
HAMAD BIN KHALIFA UNIVERSITY PRESS

بدرٌ طفلٌ صغيرٌ، عمرُهُ ستٌّ سنواتٍ، يُحبُّ اللَّعبَ في حديقةِ منزلِهِم.

أكثرُ لعبةٍ يحبُّها ملاحقةُ النّملِ وإزعاجُهُ.

شاهدَ بدرٌ مرةً نملًا يحملُ على ظهرِهِ حبّاتِ الأرزِ، فأخذَ يتابعُهُ، ونفخَ عليهِ بقوةٍ. ثم طارَ النملُ في الهواءِ، واصطدمَ بالجدارِ.

في عصرِ أحدِ الأيامِ، بينما كانَ بدرٌ يلعبُ بمزلاجِهِ، تزحلقَ وسقطَ على ظهرِهِ.

وأثناءَ محاولتِهِ النُّهوضَ رأى مجموعةً من النّملِ تسيرُ في خطٍّ منتظمٍ. ابتسمَ ابتسامتَهُ الماكرةَ، ثم رفعَ قدمَهُ وأنزلَها على النَّملِ المسكينِ.

أُصيبَ النَّملُ بكسورٍ خطيرةٍ.

لم تنجُ نملةٌ واحدةٌ من أذى بدرٍ. أمّا الطّعامُ الّذي
كانَ النملُ يحملُهُ لمخزنِه فقدَ تحطّمَ تماماً.

لفتَ نظرَ بدرٍ مجموعةٌ من النّملِ تتجمّعُ حولَ فتحةٍ في الأرضِ، فَوَجَّهَ مسدّسَهُ المائيَّ نحوَها. انطلقَ رذاذُ الماءِ القويُّ وأغرقَ النّملَ في بحيرةِ ماءٍ كبيرةٍ.

حاولَ النّملُ النّجاةَ لكنّهُ لم يستطعْ.

أمّا بدرٌ فقد انقلبَ على ظهرِهِ بسببِ الضّحكِ والسُّخريةِ
من النّملِ الغارقِ في الماءِ.

في يومٍ طلبَ بدرٌ من أمِّهِ أنْ يساعدَها على إعدادِ كيكِ الشوكولاتةِ اللّذيذِ الذي يحبُّهُ.

وبعدَ الانتهاءِ من إعدادِ الكيكِ، أخذَ قطعةً منهُ في صحنٍ واتّجهَ إلى الحديقةِ مكانِ لعبِهِ المفضّلِ.

أثناءَ استمتاعِه بأكلِ الكيكِ شاهدَ مجموعةً من النّملِ،
فبدأَ في ممارسةِ هوايتِهِ المزعجةِ.

أخذَ ينثرَ فُتاتَ الكيكِ على طاولةِ الطّعامِ، ويراقبُ
النّملَ الّذي بدأَ بجمعُ الفُتاتَ.

ثمَّ وضعَ عوداً خشبياً في طريقِ النّملِ، فاضْطُرَّ النَّملُ
إلى تسلُّقِ العودِ الخشبيِّ، للوصولِ إلى فُتاتِ الكيكِ.

هزَّ بدرٌ العودَ الخشبيَّ بقوةٍ، فتعلّقَ النَّملُ بالعودِ، لكنَّهُ
لم يستطعِ البقاءَ طويلًا فطارَ في الهواء.

تَعِبَ بدرٌ منْ كثْرةِ اللّهوِ والعبثِ بالنَّملِ، فوضعَ رأسَهُ على الطَّاولةِ، ونامَ بالقربِ من فُتاتِ الكيكِ الَّذي نثرَهُ للإيقاعِ بالنَّملِ.

اجتمعَ النَّملُ في قريته فقالَ قائدُهُ: «إنّ القريةَ تُواجِهُ مشكلةً خطيرةً، وهي قلّةُ الغذاءِ والمَؤونةِ.»

قالَتْ نملةٌ: «الولدُ بدرٌ هو السَّببُ، إنّهُ يمنعُنا منْ جمعِ الطَّعامِ.»

وأضافتْ نملةٌ أخرى وهي تتألَّمُ: «لقد تسبّبَ لنا بالجروحِ والكسورِ، كيفَ يُمكنُنا العملُ الآنَ؟»

بدأَ الجميعُ يفكّرُ في حلٍّ للمشكلةِ.

وضعَ القائدُ خُطّةً لمعاقبةِ بدرٍ على تصرفاتِهِ السَّيِّئةِ.

وطلب إحضارُ بدرٍ للمحاكمةِ في قريةِ النَّملِ.

وجدَ بدرٌ نفسَهُ في قريةِ النّملِ مربوطاً بالكثيرِ من الحبالِ.

وقبلَ أنْ يتكلّمَ صاحَ قائدُ النّملِ:
«محكمة!»

قالَتْ ملكةُ النَّملِ:

«حكمْنا عليكَ بالعملِ بدلاً من النَّملِ
المُصابِ في جمعِ الطَّعامِ وتأمينِ القريةِ.»

تعالَتْ هُتافاتُ النَّملِ مُرحِّبةً بالقرارِ العادلِ للملكةِ.
ولم يستمعْ أحدٌ لاعتراضاتِ بدرٍ.

لم يتمكَّنْ بدرٌ من التَّهرُّبِ.

بدأَ يُنفِّذُ قراراتِ الملكةِ.

كانَ عليهِ القيامُ بهذهِ الأعمالِ.

أولاً: جمعُ الطَّعامِ.

ثانياً: تنظيفُ القريةِ.

ثالثاً: حفرُ ممرّاتٍ في القريةِ.

بينما كانَ بدرٌ يحفرُ الممرَّاتِ سمعَ صوتَ ضَرْباتٍ قويةٍ على بابِ قريةِ النَّملِ.

شعرَ بالخوفِ، ورمى أداةَ الحفرِ من يديهِ، وحاولَ التّراجُعَ إلى الخلفِ.

لكنّ النَّملةَ الحارسَ منعتْهُ، وأمرتْهُ أنْ يحميَ قريةَ النَّملِ، وأنْ يَصُدَّ هجومَ النَّملِ الأبيضِ عدوِّهم اللَّدودِ.

كانَ النَّملُ الأبيضُ قويّاً جدّاً.
اقتحمَ قريةَ النَّملِ وبدأَ يَقْرِضُ
ويضربُ كلَّ ما يواجهُهُ، وأولَّهُم
بدرٌ المسكينُ.

استيقظَ بدرٌ من حُلُمِهِ المزعِجِ، فقد كانَ النَّملُ الأبيضُ يَقرِضُهُ للوصولِ إلى فُتاتِ الكيكِ المنثورِ على طاولةِ الحديقةِ.

ركضَ بدرٌ إلى أمِّهِ وارتمى في حضنِها باكياً.

هدّأَتِ الأمُّ من روعِهِ قائلةً:

«لا تخفْ يا حبيبي، لقد كانَ حُلُمًا.»

فوعدَ بدرٌ قائلاً:

«ماما، لن أؤذيَ النّملَ مرّةً ثانيةً.»